시작하며

그림 그리기에 몰두했던 학창시절 접하게 된 색지를
가위로 자르는 순간부터 종이의 매력에 푹 빠져버렸습니다.
접거나 둥글게 자르거나 잎맥을 넣어서……
다양한 표현을 할 수 있어 기뻤습니다.
평면이었던 종이가 화려한 입체가 되는 수공예품을
'페이퍼 데커레이션'이라 하는데,
종이의 매력을 전할 수 있도록 매일 시행착오를 즐기며
작품을 창작하고 있습니다.
이 책을 알게 된 모든 분들에게 종이의 재미와 핸드메이드의
따뜻함을 전할 수 있기를 진심으로 바랍니다.

야마모토 에미코

차례
contents

기본 도구 준비 ····· 4
작품에 필요한 종이 ····· 5
꽃잎과 잎 만들기 ····· 6
초보자를 위한 기본 테크닉 ····· 7

01 장미 ····· 10
02 스프레이 장미 ····· 12
03 거베라 ····· 14
04 카네이션 ····· 16
05 작약 ····· 18
01 - 05 만드는 법 ····· 20

06 해바라기 ····· 26
07 백합 ····· 28
08 튤립 ····· 30
09 수국 ····· 32
10 달리아 ····· 34
11 포인세티아 ····· 36
06 - 11 만드는 법 ····· 38

12 매화 ····· 44
13 벚꽃 ····· 45
14 동백 ····· 46
15 장식 꽃과 잎 ····· 48
12 - 15 만드는 법 ····· 50

일상을 물들이는 꽃 아이디어

테이블 코디네이션 세트 ····· 54
파스텔 톤의 리스 ····· 56
화이트 리스 ····· 57
어두운 톤의 리스 ····· 58
겨울 리스 ····· 59
플라워 박스와 장식 ····· 60
하우스 데커레이션 ····· 62

도안 ····· 65

 기본 도구 준비

작품을 만들 때 필요한 기본 도구를 소개합니다.

❶❷자 : 직선을 그을 때 사용한다. 긴 것과 짧은 것이 있으면 편리하다. ❸펠트 : 부분별로 줄기나 잎맥을 그을 때 아래에 깔고 사용한다. ❹가위 : 일반 가위로 충분하다. ❺송곳 : 구멍을 뚫을 때 사용한다. ❻끝이 뾰족한 도구 : 오른쪽부터 스타일러스, 끝이 둥근 젓가락, 대바늘 ❼둥근 젓가락 : 꽃잎이나 잎을 둥글릴 때 사용한다. ❽핀셋 : 섬세한 부분을 붙일 때 사용한다. ❾펀치 : 반듯하게 둥근 부분이 필요할 때 편리하다. ❿지우개 ⓫연필 ⓬이쑤시개 : 각 부위에 접착제를 바를 때나, 종이를 둥글릴 때 사용한다. ⓭딱풀 ⓮접착제 : 마르면 투명해지는 목공용 본드를 추천한다.

작품에 필요한 종이

이 책의 작품들은 주로 아래의 색상지로 만들었습니다. 종이는 대형 문구점이나 미술도구 전문점에서 구입할 수 있습니다. 종이의 두께는 100~160그램 정도면 충분합니다. 두께에 따라 다소 느낌이 달라지지만, 완성하고 나면 큰 차이가 없습니다.

작품에 사용한 종이는 각각의 꽃 만드는 법 페이지에 명기했지만, 꼭 똑같은 종이가 아니어도 됩니다. 자신이 원하거나 좋아하는 종이를 선택해서 만들어주세요.

탄트
감촉이 좋고 강도도 있는 종이. 131색의 다양한 색상이 있어 매력적이다.
작품에 사용한 두께 : 100그램

머메이드
표면에 펠트처럼 요철 모양이 있다. 비교적 두껍고 깔끔하게 완성된다.
작품에 사용한 두께 : 153~160그램

오감지
얇으면서도 거친 엠보싱 가공이 되어 있어 탄성이 좋다.
작품에 사용한 두께 : 160그램

NT라샤
부드럽고 소박하면서 거칠거칠한 감촉이며, 약간 깃털 느낌이 있는 질감. 색상과 두께가 다양하다.
작품에 사용한 두께 : 100그램

사토가미
자연의 온기와 부드러움이 느껴지는 소박한 질감의 색상지.
작품에 사용한 두께 : 130그램

에코저팬R
부드러운 엠보싱 느낌이 있는 종이. 비교적 투명한 발색이 있다.
작품에 사용한 두께 : 100그램

꽃잎과 잎 만들기

우선 이 책에 실린 도안을 사용해 입체 꽃 만들기에 필요한 부분을 준비합니다.

각 부위 오리기

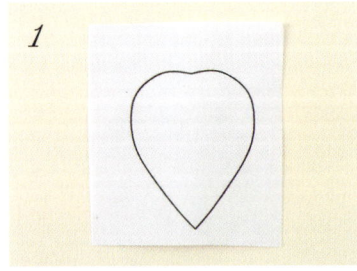

1. 도안을 복사하거나 얇은 종이에 전사하여 적당한 크기로 자른다.

2. 두꺼운 종이에 붙인다.

3. 선을 따라 오린다.

4. 두꺼운 종이로 만든 도안을 사용할 종이에 대고 필요한 꽃잎이나 잎을 그린다. 종이를 낭비하지 않도록 잘 배치한다.

5. 오린다. 오릴 때는 가위가 아니라 종이를 돌려가며 오리도록 한다.

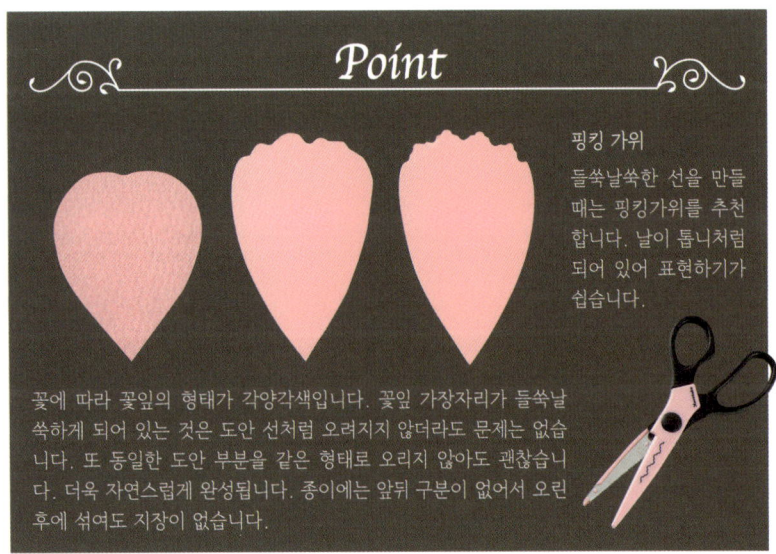

Point

핑킹 가위

들쑥날쑥한 선을 만들 때는 핑킹가위를 추천합니다. 날이 톱니처럼 되어 있어 표현하기가 쉽습니다.

꽃에 따라 꽃잎의 형태가 각양각색입니다. 꽃잎 가장자리가 들쑥날쑥하게 되어 있는 것은 도안 선처럼 오려지지 않더라도 문제는 없습니다. 또 동일한 도안 부분을 같은 형태로 오리지 않아도 괜찮습니다. 더욱 자연스럽게 완성됩니다. 종이에는 앞뒤 구분이 없어서 오린 후에 섞여도 지장이 없습니다.

 # 초보자를 위한 기본 테크닉

잎맥 긋기

잎맥은 주로 각 부위의 뒤쪽에 넣습니다. 엠보싱 선이라고도 부릅니다.

꽃

펠트를 깔고 뒷면으로 하고 싶은 쪽에 선을 긋는다.

잎

1

겉면부터 도안을 참조해 중심에 주맥을 긋는다.

2

잎 겉면에 그은 주맥을 중심으로 해서 안쪽으로 반을 가볍게 접는다.

3

뒷면에는 잎맥을 긋는다. 잎맥을 긋는 방법은 각 작품 페이지를 참조한다.

이 책에서는 세 종류의 잎을 사용했어요.

세로형   그물망형   V자형

둥글리기

종이를 둥글게 말아야 실물 꽃잎처럼 입체감이 살아납니다. 둥글리기 방향은 각각의 꽃 만드는 법이 소개된 페이지를 참조해주세요.

1

꽃잎의 밑부분은 기본적으로 모두 안쪽으로 둥글린다. 둥근 젓가락의 몸통 부분을 돌돌 말아 형태를 잡는다.

2

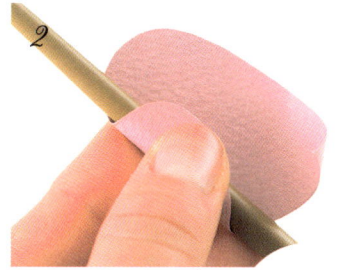

꽃잎의 좌우도 같은 형태로 젓가락에 대고 둥글린다.

3

입체감이 있는 꽃잎 모양

꽃술 만들기

꽃 중앙에 사용하는 부분입니다.

1

지정한 길이로 자른 종이에 접는 선 표시를 하고 지정한 곳을 접는다.

2

접는 선 바로 밑부분까지만 가위로 촘촘하게 자른다. 접는 선을 넘어 자르지 않도록 주의한다.

3

술 끝부분을 둥글릴 때는 잘라내기 전에 둥글린다.

4

지정한 곳을 자른다.

5

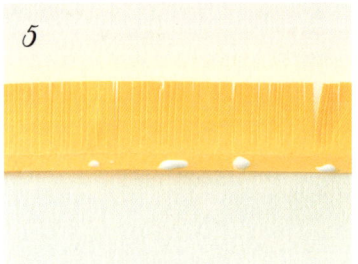

꽃술 밑부분에 접착제를 바른다.

6

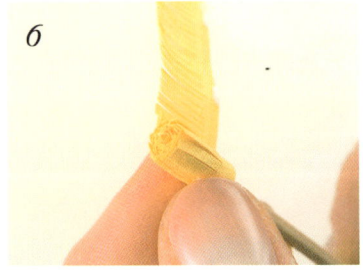

이쑤시개를 사용해 가장자리부터 말아간다.

7

잘 말아졌으면 접착제로 붙인다.

8

가장자리가 퍼진 형태는 손으로 바깥쪽을 넓힌다.

둥근 모양 만들기

둥근 부분을 입체적으로 완성합니다.

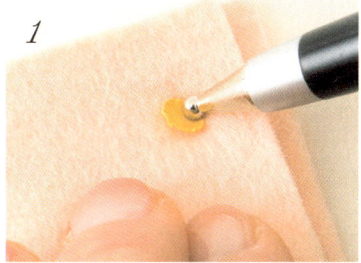

1 펠트를 반으로 접어 두툼하게 한 다음 그 위에 둥글게 만들어야 할 부분을 놓고, 스타일러스나 젓가락 끝부분 등으로 빙글빙글 돌려 둥글게 만든다.

2 둥글게 만들어진 모양

꽃 붙이기

모든 부분이 완성되면 토대에 붙입니다. 붙이는 방법은 각각의 꽃 만드는 법 페이지에서 확인해주세요.

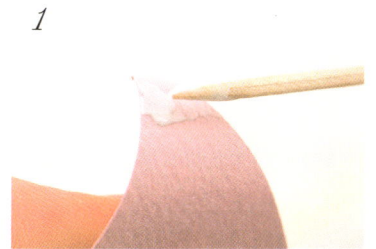

1 꽃잎 밑부분에 이쑤시개로 얇게 접착제를 바른다. 접착제는 접촉할 부분에 얇게 바르면 전체를 붙였을 때 입체감이 더 살아난다.

2 만드는 법을 참조해 꽃잎 토대에 붙인다.

3 균형을 맞춰가며 붙인다.

4 꽃잎을 붙인 모양

Point

기본적으로 꽃을 완성하는 방법은 21페이지를 참조해주세요. 완성된 형태는 정해져 있지 않으므로 자유롭게 만들면 됩니다. 꽃에 따라 균형미를 살려 좋아하는 형태로 완성하는 것이 입체 꽃 만들기의 묘미입니다.

우선 임시로 고정해둔 다음 전체적인 균형을 맞추는 것도 추천합니다. 저는 잠시 고정할 수 있도록 뗐다 붙였다 할 수 있는 양면테이프 등을 사용합니다. 형태가 정해지면 본드 등과 같은 접착제로 고정시킵니다.

01

장미
Rose

꽃의 여왕이라고 하면 역시 장미. 겹겹이 포개진 꽃잎의
화려한 자태에 누구라도 마음을 빼앗겨버립니다. 장미는 만들 때
한가운데를 약간 높게 하고 꽃과 꽃 사이를 메우듯이 붙이면
화려한 부케처럼 완성됩니다.

만드는 법 P.20

꽃술 부분은 따로 만든다.

잎맥은 V자형으로 붙인다.

02
스프레이 장미
Small Rose

여러 갈래의 가지가 있는 줄기 사이로 우아하게 핀 스프레이 장미. 자그맣고 귀여운 꽃의 모습은 스프레이 장미의 매력 중 하나입니다. 꽃잎의 바깥쪽은 살짝, 안쪽은 강하게 둥글리면 입체감이 한층 더해집니다. 덩굴의 길이나 곡선의 형태는 원하는 대로 자유롭게 시도해보세요.

만드는 법 P.22

덩굴의 잎은 균형을 맞춰가며 붙인다.

안쪽으로 둥글리기는 강하게 한다.

03
거베라
Gerbera

꽃집에 가면 자주 만날 수 있는 거베라.
풍부한 색감으로 우리들을 즐겁게 해줍니다.
완성하고 나서 접착제가 마르기를 기다린 다음 꽃잎을 둥글려
형태를 잡아주면 더욱 자연스러운 느낌이 살아납니다.

만드는 법 P.23

꽃술은 얇게 일정한 간격으로 만든다.

선물을 포장할 때 사용하면 더욱 기쁨을 줄 수 있다.

04
카네이션
Carnation

프릴이 가득하고 우아함이 넘치는 카네이션.
어버이날 손수 만들어 선물하면 감사의 마음이 한결 더 전해
질 것입니다. 꽃의 중심부는 둥글리기 방향이 겹쳐지지
않도록 주의하면서 자유롭게 붙이면 됩니다.
너무 가지런하지 않아야 카네이션 느낌이 더 삽니다.

만드는 법 P.24

꽃잎을 둥글릴 때 방향이 너무 일률적이 되지 않도록 한다.

리본으로 화려함을 더한다.

05
작약
Peony

여성스럽고 온화한 아름다움의 내명사로 유명한 작약.
폭신하면서도 호화로운 꽃잎들을 즐겨보세요.
꽃잎의 바깥쪽은 부드럽고 완만하게 둥글리고, 중심은
견고하게 둥글려 꽃잎을 세우는 것이 포인트입니다.

만드는 법 P.25

01 장미

P.10 / 도안 P.65

사용한 종이

바탕 종이 : 머메이드 (내추럴)
꽃잎 : 탄트(L-50), NT라샤(붉은 매화), 머메이드(복숭아)
주변 장식 꽃D : 머메이드(복숭아), NT라샤(붉은 적색)
잎·장식 : 사토가미(대나무)

큰 꽃잎 만들기

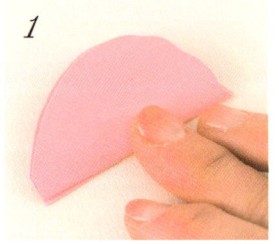

1 중심에서 꽃잎의 겉면을 가볍게 안으로 접는다.

2 전체를 안쪽으로 가볍게 둥글린다.

3 꽃잎의 양쪽을 바깥쪽으로 둥글린다.

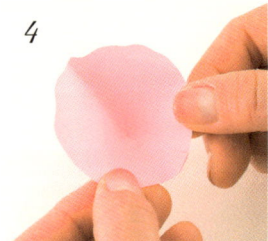

4 꽃잎 끝의 다트 부분을 붙인다.

작은 꽃잎 만들기

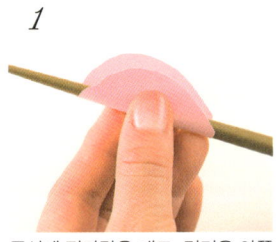

1 중심에 젓가락을 대고, 겉면을 안쪽으로 가볍게 둥글린다.

2 꽃잎 끝을 안쪽으로 둥글린다.

3 꽃잎의 양쪽을 바깥쪽으로 둥글린다.

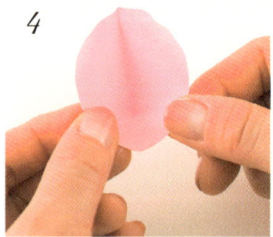

4 꽃잎 끝의 다트 부분을 붙인다.

꽃의 형태 잡기

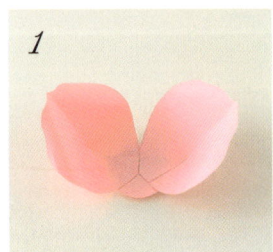

1 도안의 지시에 따라, 큰 꽃잎 2장을 꽃의 토대에 붙인다.

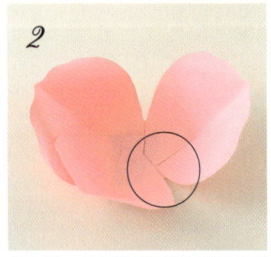

2 3장째는 오른쪽 꽃잎의 가장자리를 맞춰 붙인다.

3 3장째의 왼쪽 가장자리에 맞춰 4장째 꽃잎을 붙인다.

4 작은 꽃잎도 같은 방법으로 모두 붙여나간다.

꽃술 만들기

1
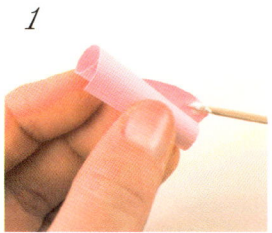
꽃술을 이쑤시개로 말아 접착제로 고정시킨다.

2

꽃술용 꽃잎 한쪽을 바깥쪽으로 둥글린다.

3

도안의 지시대로 꽃술 토대에 꽃술용 꽃잎을 붙여나간다.

4

꽃술용 토대의 아랫부분에 가볍게 접착제를 바르고, 꽃술을 돌돌 만다.

5

꽃술을 말았으면 접착을 위해 남겨둔 부분을 접어 고정시킨다.

6

꽃의 중심에 붙인다.

잎 만들기

잎은 잎맥을 그은 다음, 잎의 양쪽을 바깥쪽으로 가볍게 둥글린다.

주변 장식 꽃 만들기

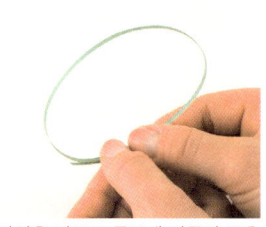
p53을 참고해 주변 장식 꽃D를 만든다.

장식 만들기

장식을 자르고 둥글게 만들어 끝을 고정시킨다.

완성하기

1

토대에는 가장 밑에 놓아야 할 것부터 붙여나간다. 우선 잎을 붙인다.

2

장미는 약간 비스듬히 기울이고, 세 송이 장미의 가운데 부분을 높게 한다. 토대와 닿는 꽃잎에 접착제를 바른 다음 붙인다.

3

두 번째 장미와 장식을 붙인다.

4

세 번째 장미와 장식을 붙인다.

5

서로 맞닿은 꽃은 꽃잎끼리 붙이면 안정감 있는 형태가 된다.

6
균형을 맞춰가며 주변 장식 꽃D를 붙이면 완성이다.

02 스프레이 장미

P.12 / 도안 P.66

사용한 종이

바탕 종이 : NT라샤(엉겅퀴)
꽃잎 : 탄트(L-50, L-53), 머메이드(벚꽃)
장식 꽃D : 머메이드(내추럴, 상아)
덩굴·잎 : 사토가미(꾀꼬리)

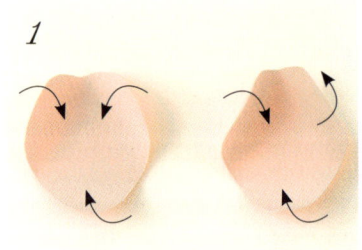

1. 큰 꽃잎 6장은 안쪽으로 둥글리고, 나머지 6장은 한 쪽은 안쪽, 다른 한 쪽은 바깥쪽으로 둥글린다.

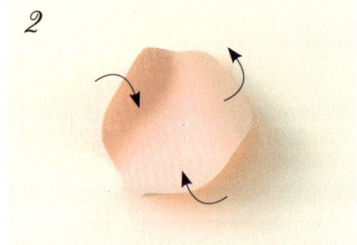

2. 작은 꽃잎은 모두 서로 반대로 둥글린다. 둥글리기는 강하게 하는 것이 좋다.

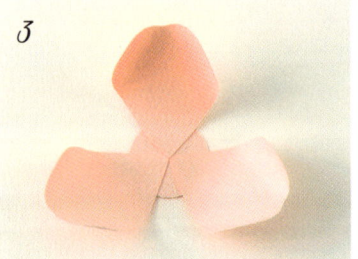

3. 토대에 안쪽으로 둥글린 큰 꽃잎 3장을 붙인다.

4. 3 다음에 안쪽으로 둥글린 큰 꽃잎 3장을 더 붙인다.

5. 서로 반대로 둥글린 큰 꽃잎을 3 위에 오도록 붙인다.

6. 같은 방법으로 남은 큰 꽃잎과 작은 꽃잎(1장을 남긴다)을 붙인다.

7. 중심에 작은 꽃잎을 세워서 붙인다.

8. 잎은 안쪽으로 가볍게 둥글린다.

9. 균형을 맞춰가며 덩굴에 잎을 붙인다.

03 거베라

P.14 / 도안 P.67

사용한 종이

바탕 종이 : 머메이드(벚꽃)
꽃잎 : 탄트(L-58, L53, L-50)
꽃술 : 탄트(L50, L53, L57), 사토가미(참외)
장식 꽃 C : 머메이드(내추럴, 명주색)

1

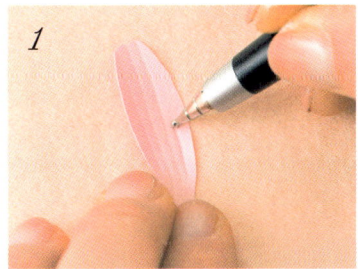

꽃잎 A, B 뒷면에 선을 긋는다.

2

꽃잎 A, B 모두 무작위로 둥글기를 한다.

3

꽃 토대에 꽃잎 4장을 붙인다. A와 B를 적당히 섞어서 배치한다.

4

꽃잎 사이의 빈틈에 꽃잎 4장을 붙인다. 8장을 한 바퀴 돌려 붙이면 된다.

5

같은 방법으로 한 바퀴 더 돌려서 꽃잎을 붙인다.

6

꽃술 중심을 돌돌 말고, 그것을 심으로 해서 꽃술 바깥쪽을 3장 만다. 모두 말았으면 꽃술 바깥쪽을 손으로 약간 벌린다.

7

꽃잎 중심에 꽃술을 붙인다.

04 카네이션

P.16 / 도안 P.66

사용한 종이

바탕 종이 : 뮤즈 코튼(코스모스)
꽃잎 : 탄트(L-50, N-51, P-50)
리본 : 탄트(N-51)
장식 꽃D : 머메이드(명주색)

1. 꽃잎 끝을 물결 모양으로 대충 자른다.

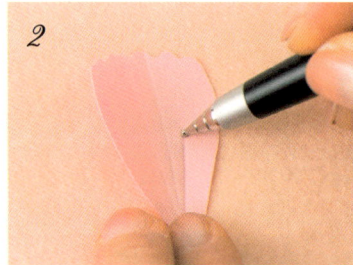

2. 꽃잎 뒷면에 방사 형태로 선을 긋는다.

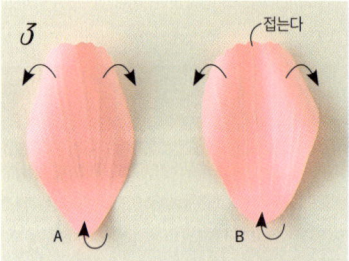

3. 큰 꽃잎 밑부분은 전부 안쪽으로 둥글린다. 윗부분은 모두 바깥쪽으로 둥글리고(A), 그 중 9장은 중앙에 젓가락을 대고 가볍게 접는다(B).

4. 작은 꽃잎의 밑부분은 전부 안쪽으로 둥글리고, 양쪽 가장자리는 무작위로 둥글린다.

5. 큰 꽃잎(A)을 꽃 토대에 3장 붙인다.

6. 그 사이사이에 큰 꽃잎(B)을 붙인다. 6장으로 한 바퀴 돌려 완성.

7. 같은 방법으로 아래에 깔린 꽃잎 윗부분이 보이게 하면서 큰 꽃잎을 한 바퀴 더 돌려 붙인다.

8. 큰 꽃잎과 둥글린 방향이 겹쳐지지 않도록 균형을 맞추면서 같은 방법으로 7 위에 작은 꽃잎을 붙인다.

9. 빈틈이 없어질 때까지 작은 꽃잎을 붙인다. 붙일 자리가 넉넉하지 않으면 전부 붙이지 않아도 된다.

05 작약

P.18 / 도안 P.68

사용한 종이

바탕 종이 : 머메이드(내추럴)
꽃잎 : 에코저팬R(담홍색), NR라샤(목단)
잎 : 머메이드(어린잎)
장식 : 머메이드(흰색)

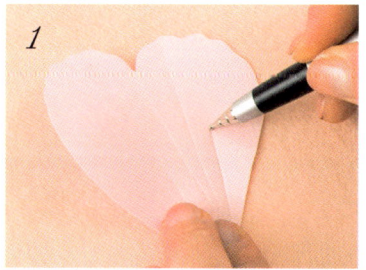

1. 꽃잎 뒷면에 방사 형태로 선을 긋는다.

2. A는 안쪽으로 둥글린다.

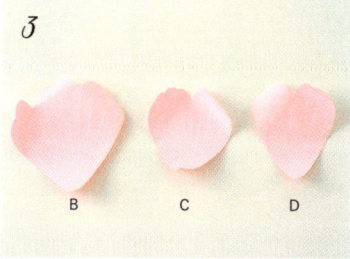

3. B, C, D는 꽃잎 밑부분을 안쪽으로 둥글리고, 제각각 자연스럽게 둥글린다. D는 강하게 둥글린다.

4. 꽃잎A를 사진처럼 세 방향으로 붙인다.

5. 남은 꽃잎A를 그 사이에 붙인다.

6. 꽃잎B 3장을 4 위에 겹쳐지도록 해서 세 방향으로 붙인다.

7. 남은 꽃잎도 같은 방법으로 B→C→D 순으로 붙인다.

06
해바라기
Sunflower

마치 태양처럼 빛나는 해바라기는 활기를 가득 불어넣어주는 꽃입니다. 더운 여름 태양 아래 밝은 모습이 매력이기도 합니다. 해바라기를 만들 때 주의할 점은 꽃잎 사이 간격이 벌어지지 않도록 붙이는 것입니다. 꽃술은 녹색 계열과 노란색 계열의 두 색을 사용하면 좋습니다.

만드는 법 P.38

꽃술은 바깥쪽으로 넓혀준다.

잎맥은 V자 형태로 긋는다..

07

백합
Lily

우아하고 고귀한 자태를 자랑하는 백합.
'꽃 미소'라는 말은 흰 백합에서 유래되지 않았나 싶습니다.
청렴한 색조는 결혼식 부케에도 안성맞춤입니다.
커다란 꽃잎을 둥글릴 때는 꽃이 만발하는 느낌으로 천천히
조금씩 둥글려주세요.

만드는 법 P.39

중심에 주맥을 또렷하게 긋는다.

잎맥은 세로 형태로 선을 긋는다.

08

튤립
Tulip

귀엽고 매력적인 모양과 과일 캔디처럼
알록달록한 색상으로 봄 기분을 더욱 살려주는 튤립.
꽃잎 밑부분에 가위집을 넣어 다트를 만들어주면
진짜 튤립 같은 봉긋한 꽃잎이 만들어집니다.

만드는 법 P.40

꽃잎 끝은 들쭉날쭉하게 한다.

잎은 중앙에만 잎맥을 넣는다.

09

수국
Hydrangea

비와 잘 어울리는 탓일까요?
왠지 침착하고 차분하면서도 의젓한 인상의 수국.
한 다발로 묶을 때 높이를 제각각 다르게 하면
들쭉날쭉 원근감이 생깁니다.
연두색이나 서로 조금씩 색의 차이를 주어
자연스러운 조화를 연출하는 것도 좋습니다.

만드는 법 P.41

작은 꽃들의 중심에 비즈를 달면 더욱 예쁜 꽃으로 완성된다.

잎맥은 V자 형태로 긋는다.

10
달리아
Dahlia

서양 꽃이면서도 동양적이고
이국적인 분위기를 풍기는 달리아.
짙은 색으로 만들면 고혹적이고 옅은 색으로 만들면
국화와 비슷한 모습의 다른 분위기를 연출할 수 있습니다.
중심에 배치하는 꽃잎은 봉오리처럼
되도록 강하게 둥글려주세요.

만드는 법 P.42

중심은 따로 만들어 달도록 한다.

잎맥은 그물망 형태로 긋는다.

11
포인세티아
Poinsettia

거리에 이 꽃들이 늘어서면
순식간에 크리스마스 분위기가 무르익습니다.
마치 꽃처럼 보이는 붉은 부분은 꽃이 아니라 잎입니다.
신기한 식물이기도 합니다.
중심 꽃은 접착제를 넉넉히 묻혀 약간씩 겹쳐지게 붙입니다.
잎의 곡선은 도안처럼 되지 않아도 괜찮습니다.

만드는 법 P.43

06 해바라기

P.26 / 도안 P.70

사용한 종이
바탕 종이 : 머메이드(황금)
꽃잎 : 머메이드(노랑), 탄트(L-58)
꽃술 : 사토가미(참외), 머메이드(황매화)
잎 : 머메이드(연두)

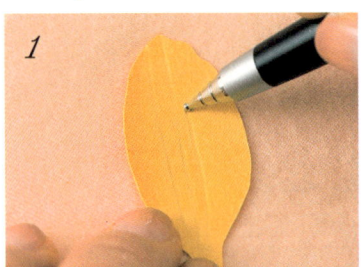

1. 꽃잎 뒷면에 세로로 선을 긋는다.

2. 꽃잎을 무작위로 둥글린다. 꽃잎 밑부분은 안쪽으로 가볍게 접는다.

3. 토대에 꽃잎을 4장 붙인다.

4. 그 사이에 2장씩 꽃잎을 붙인다. 12장이 한 바퀴.

5. 꽃잎이 서로 엇갈려 포개지도록 하고 다시 꽃잎을 한 바퀴 돌려 붙인다.

6. p8을 참조해 꽃술을 만든다. 중심에는 녹색 계열 2장, 그 주변에는 노란색 계열 2장을 감는다.

7. 바깥쪽 꽃술을 손으로 벌려준다.

8. 꽃잎 중앙에 꽃술을 붙인다.

07 백합

P.28 / 도안 P.72

사용한 종이

바탕 종이 : 머메이드(옥색)
꽃잎 : 머메이드(흰색)
암술과 수술 : 머메이드(어린잎)
장식 꽃D : 머메이드(어린잎, 대나무, 레몬)
잎 : 사토가미(삼나무)

1. 수술의 끝부분을 자르고, 살짝 벌려준다.

2. 암술과 수술 모두 둥글린다.

3. 수술의 밑부분에 접착제를 바르고, 암술을 감싸가며 붙인다.

4. 꽃잎 중심에 3을 붙인다.

5. 꽃잎 풀칠 부분에 접착제를 바르고 돌돌 말아가며 붙인다.

6. 남은 꽃잎 1장의 풀칠 부분에 접착제를 바르고 5의 부분을 꽃잎이 서로 엇갈리게 해서 놓는다. 꽃잎 중심선을 잘 맞춘다.

7. 5 부분을 잘 감싼 다음 붙인다. 풀칠 부분은 안쪽으로 집어넣는다.

8. 꽃잎을 바깥쪽으로 크게 둥글린다.

9. 잎은 바깥쪽으로 강하게 둥글린다.

08 튤립

P.30 / 도안 P.69

사용한 종이

바탕 종이 : 탄트(N-51)
꽃잎 : 탄트(L-50, L-58), 머메이드(황금)
잎 : 머메이드(어린잎), 사토가미(대나무)
리본 : 뮤즈 코튼(연분홍)

1. 꽃잎은 모두 안쪽으로 가볍게 둥글리고, 꽃잎 양쪽 가장자리도 안쪽으로 둥글린다.

2. 밑부분의 다트를 붙인다.

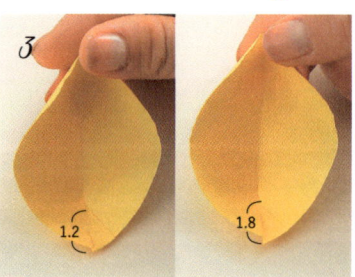

3. 밑부분에 1.2㎝와 1.8㎝ 가위집을 넣는다. 각각 3장씩 만든다.

4. 가위집을 넣은 부분을 잘 맞춰 붙인다. 사진처럼 움푹하게 들어가면 된다.

5. 1.2㎝ 가위집을 넣은 꽃잎을 토대 A에 도안을 참조해 3장을 붙인다.

6. 1.8㎝ 가위집을 넣은 꽃잎을 토대 B에 붙인다.

7. 5 속에 6을 넣은 다음 접착제로 붙인다. 꽃잎이 6장인 것은 이것으로 완성이다.

8. 꽃잎이 9장인 것은 7의 바깥쪽에 3장의 꽃잎을 더 붙인다.

9. 균형을 맞춰 여러 장의 꽃잎 가장자리를 바깥쪽으로 둥글려준 다음 형태를 잡는다.

10

꽃봉오리의 경우는 균형을 보면서 꽃잎끼리 붙여 오므린다.

09 수국

P.32 / 도안 P.71

사용한 종이

바탕 종이 : 머메이드(흰색)
꽃받침 : 머메이드(어린잎, 등나무), 탄트(L-72, L-62)
잎 : 사토가미(대나무)
물방울 머메이드(흰색)

기타 재료

지철사, 둥글고 작은 비즈

1

꽃받침을 각기 다르게 둥글린다.

2

중심에 송곳으로 구멍을 뚫는다.

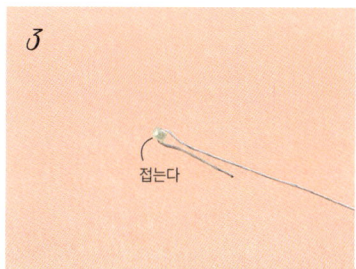

3

접는다

지철사에 둥근 비즈를 꿰어서 1~2cm 정도 구부린다.

4

꽃잎 겉면부터 끼워 넣는다.

5

뒷면에 접착제를 넉넉히 발라 말린다. 이것을 20~25개 정도 만든다.

6

접착제가 마르면, 균형을 맞춰가며 지철사를 다발로 만들어 묶는다.

10 달리아

P.34 / 도안 P.73

사용한 종이

바탕 종이 : 머메이드(복숭아)
꽃잎 : 머메이드(연지), NT라샤(미색)
장식 꽃A : NT라샤(감색)
잎 : 탄트(D-65)

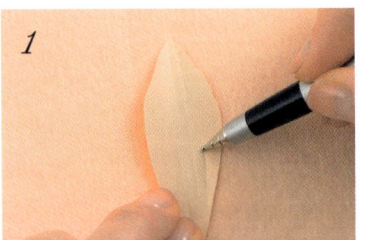

1. 꽃잎 뒷면에 세로로 잎맥을 긋는다.

2. 꽃 중심에도 뒷면부터 세로로 잎맥을 긋는다.

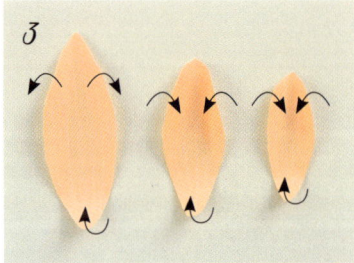

3. 꽃잎 밑부분은 전부 안쪽으로 둥글린다. 꽃잎의 양옆을 큰 꽃잎 8장은 바깥쪽으로 둥글리고, 남은 8장과 중간 꽃잎, 작은 꽃잎은 안쪽으로 둥글린다.

4. 토대에 바깥쪽으로 둥글린 큰 꽃잎을 4장 붙인다.

5. 그 사이사이를 메우듯이 바깥쪽으로 둥글린 꽃잎을 4장 붙인다.

6. 같은 방법으로 남은 큰 꽃잎, 중간 꽃잎, 작은 꽃잎을 붙인다.

7. 꽃 중심을 꽃봉오리와 같은 형태가 되도록 안쪽으로 강하게 만다.

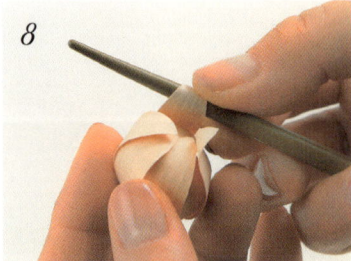

8. 균형을 보면서 꽃잎 끝을 2~3곳 바깥쪽으로 둥글린다.

9. 꽃잎 가운데에 꽃 중심을 붙인다.

11 포인세티아

P.36 / 도안 P.74

사용한 종이

바탕 종이 : 머메이드(비단색)
붉은 잎 : 오감지(진한 빨강)
잎 : 탄트(D-65)
꽃 : 사토가시(겨자색)
호랑가시나뭇잎 : 머메이드(짙은 녹색)

1. 붉은 잎 뒷면에 V자 형태로 잎맥을 긋는다.

2. 양옆을 바깥쪽으로 둥글린다.

3. 토대에 붉은 잎A 4장, B 2장을 균형을 맞추지 않고 붙인다.

4. 가장 빈 공간에 B 1장을 붙인다.

5. C 3장, D 2장을, 빈틈을 메우듯이 붙인다.

6. p9를 참조해 꽃에 둥글리기를 하고, 중앙에 균형을 맞춰가며 붙인다.

12

매화
Plum

봄소식을 전해주는 전통적인 꽃, 매화.
격조 높은 향기는 이른 봄의 즐거움입니다.
꽃은 가늘고 긴 종이로 철사를 감으면 되는데
꽃무늬 테이프를 사용해도 좋습니다.

만드는 법 P.50

13
벚꽃
Cherry Blossoms

일본 꽃이라고 불리는 벚꽃.
화사하게 피었다가 바람에 흩날리는 모습은
예나 지금이나 사람들의 마음을 설레게 합니다.
여기서 만든 왕벚나무는 실제로 꽃이 피었을 때엔 잎이
달리지 않지만 꽃과의 조화를 즐기려고 함께 만들었습니다.

만드는 법 P.51

14
동백
Camellia

온 세상이 하얗게 되는 눈 오는 날,
대조를 이루는 새빨간 동백.
너무 좋아하는 겨울 풍경입니다.
꽃술에 접착제를 듬뿍 발라 꽃 중심에
단단히 고정시켜주세요.

만드는 법 P.51

볼륨이 있는 꽃술

잎맥은 V자로 긋는다.

15 장식 꽃과 잎
Flower and leaves

주연을 돋보이게 해주는 명 조연 역할의
작은 꽃들을 한데 모았습니다. 색과
배치의 조화를 고려해 다양한 모양을
시도하며 즐겨보세요.

만드는 법 P.53

줄기가 있는 장식 꽃은 두 종류가 있다. 왼쪽이 장식 꽃A, 오른쪽이 장식 꽃B이다.

작은 꽃은 어떤 꽃에도 만능으로 사용할 수 있는 아이템이다. 위쪽이 장식D, 아래쪽이 장식C다.

잎과 덩굴은 균형을 맞춰가며 추가한다.

12 매화

P.44 / 도안 P.75

사용한 종이
바탕 종이 : 머메이드(계란색)
꽃잎 : NT라샤(붉은 매화)
꽃술 : 사토가미(황매화)
가지 : NT라샤(짙은 갈색)

기타 재료
지철사(두꺼운 것, 가는 것)

1. 꽃잎에 가위집을 넣어 안쪽으로 둥글리고, 꽃잎을 서로 엇갈리게 해서 붙인다.

2. 중심에 송곳으로 구멍을 뚫는다.

3. 꽃술은 둥글린다.

4. 가는 지철사의 끝을 1~1.5㎝ 접고, 꽃술에 건다. 그대로 돌돌 말아 접착제로 고정시킨다.

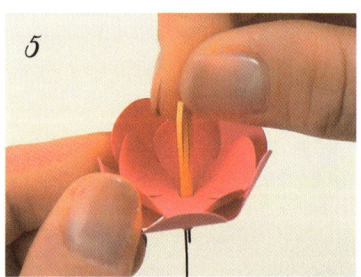

5. 꽃잎 뒤편에서 철사를 꽂아 꽃술의 술 장식 가위집 바로 앞까지 통과시킨다.

6. 술 장식을 핀셋으로 넓힌다.

7. 뒷면에 접착제를 듬뿍 발라 말린다.

8. 두꺼운 지철사에 접착제를 바른 테이프를 감고, 균형을 맞춰가며 7을 감는다.

13 벚꽃

P.45 / 도안 P.75

사용한 종이

바탕 종이 : 머메이드(계란색)
꽃잎 : 탄트(L-50)
꽃술 : 탄트(L-57)
잎 : 탄트(L-61)

기타 재료

지철사

1 꽃잎에 가위집을 넣고, 제각각 둥글린다.

2 꽃술은 둥글리지 않고 매화를 참조해 만든다.

3 꽃은 균형을 맞춰가면서 다발로 만들어 지철사로 묶는다.

14 동백

P.46 / 도안 P.76

사용한 종이

바탕 종이 : 탄트(P-50)
꽃잎 : 머메이드(적색)
꽃술 : 사토가미(황매화)
잎 : 탄트(D-65)
솔잎 : 사토가미(대나무)

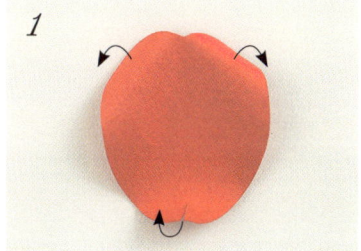

1 꽃잎은 중심에 젓가락을 대고 겉면을 안쪽으로 말고, 밑부분은 안쪽으로, 윗부분은 바깥쪽으로 둥글린다.

2 다트를 붙인다.

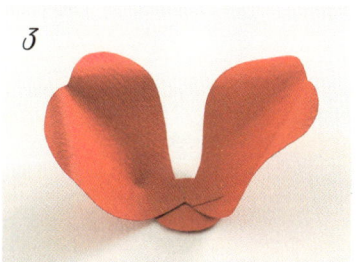

3 꽃 토대에 꽃잎을 2장 붙인다.

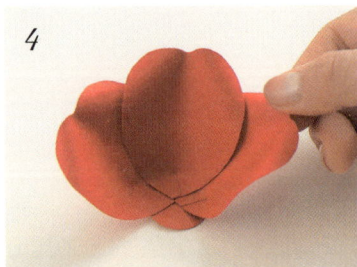

4

붙인 2장의 꽃잎 사이를 메우듯이 다른 한 장의 꽃잎을 붙인다.

5

균형을 맞춰가며 앞쪽에도 꽃잎 2장을 붙인다.

6

꽃술 술 장식을 둥글린다.

7

도안의 지정된 선에서 잘라서 나눈다.

8

젓가락에 꽃술1, 2, 3을 순서대로 감는다.

젓가락을 빼면 →

9

8을 심으로 해서 술 장식을 감는다.

10

술 장식을 손을 이용해 바깥쪽으로 조금씩 넓힌다.

11

꽃 중앙에 꽃술을 붙인다.

12

솔잎 밑부분에 접착제를 바르고 지철사를 비스듬히 감는다.

15 장식 꽃과 잎

P.48 / 도안 P.77

사용한 종이

바탕 종이 : 머메이드(어린잎)
장식 꽃A : 탄트(L-66)
장식 꽃B : 오감지(어린 대나무)
장식 꽃C : 머메이드(내추럴)
장식 꽃D : 머메이드(노란색)
잎 : 머메이드(어린잎, 연두색, 녹색)
덩굴 : 머메이드(녹색)

장식 꽃A

1 줄기에 젓가락을 대고 가볍게 만 다음, 줄기의 겉면이 보이게 접는다.

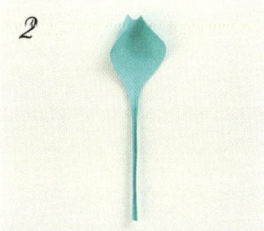

2 꽃잎을 안쪽으로 둥글린다.

3 줄기 2개를 둥글린 쪽이 바깥으로 향하게 하고, 줄기가 직각이 되게 붙인다.

4 남은 2개의 줄기도 둥글린 쪽이 바깥으로 향하게 한 다음 붙인다.

장식 꽃B

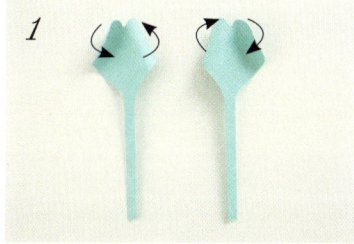

1 꽃잎 가장자리를 각각 안쪽과 바깥쪽으로 구부려준다.

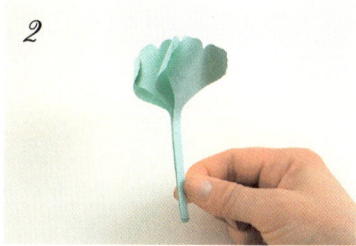

2 컬을 서로 다르게 해서 4장을 겹치고 줄기를 붙인다.

덩굴

가늘고 길게 자른 종이를 젓가락에 감는다.

장식 꽃C, D

1 꽃잎 위와 아래를 안쪽으로 만다.

2 꽃잎 위와 아래가 세워지도록 접는다.

3 꽃잎 위에 꽃잎이 겹쳐지지 않도록 한 다음 꽃잎 밑부분을 붙인다.

일상을 물들이는 꽃 아이디어

만든 꽃을 적절히 활용해 늘 꽃이 함께하는 생활을 즐겨보세요.
계절 장식이나, 룸 데커레이션 등, 아이디어는 무궁무진합니다!

테이블 코디네이션 세트

결혼식이나 홈 파티를 화려하게 장식하는 파티 아이템들. 좋아하는 꽃, 좋아하는 색으로 만들어 손님맞이를 해봅시다!

만드는 법 P.78

카드와 함께
장식 꽃을 활용해 카드 홀더를 장식한다.

냅킨 홀더로
스프레이 장미와 장식 꽃을 냅킨 홀더로 활용한다.

와인과 함께
화려한 자태로 선물과 함께 전하면 받는 사람도 기뻐할 것이다.

글라스 마커로
여러 색깔의 꽃을 만들어 달면 각자의 잔을 바로 알 수 있다.

파스텔 톤의 리스

봄이 찾아왔음을 느낄 수 있는 화사한 색감의 리스.

만드는 법 P.78

화이트 리스

깔끔한 흰색 꽃에 연한 연두색을 더한다.
만드는 법 P.78

어두운 톤의 리스

열매 맺는 가을을 연상시키는 차분한 색감.

만드는 법 P.78

겨울 리스

목제 리스를 베이스로 하고 포인세티아를 듬뿍 단다.

만드는 법 P.78

플라워 박스

진짜 찬합에 각양각색의 꽃을 정성스레 담아낸 플라워 박스.
만들기 쉬우면서도 화려하고 예뻐서 새해맞이에 잘 어울리는 장식이다.
만드는 법 P.79

동백 장식

깔끔하게 만들어진 미즈히키(가는 지노 여러 개를 합쳐 풀을 먹여 굳히고, 중앙에서 색을 갈라 염색한 끈)는 감탄이 절로 나오는 아름다움이다. 홍백의 동백을 함께 장식하고 활기차게 새해를 맞이한다.

만드는 법 P.78

달리아 장식

매듭을 둥글게 한 다음 달리아와 스프레이 장미를 얹는다. 누구에게도 없는 오직 나만의 장식품이 된다.

만드는 법 P.79

하우스 데커레이션

커튼 홀더

꽃을 리본에 붙이기만 하면 OK.
계절 꽃으로 바꿔가며 장식하면 집안 분위기가 달라진다.
만드는 법 P.79

라운드 모빌

창가를 멋지게 장식해주는 모빌. 꽃을 공 모양이 되도록 둥글게 붙여 만든다.

만드는 법 P.79

플라워 갈런드(화환)

문이나 벽을 귀엽게 장식해주는 장식 꽃 갈런드.

만드는 법 P.79

도안

- 도안은 모두 실물 치수입니다. 꽃잎이나 잎의 개수는 꽃 한 개에 필요한 개수입니다.
- 작품에 사용했던 종이는 각각의 꽃 만드는 법 페이지에 명기했습니다만, 자신이 원하는 대로 좋아하는 종이를 선택해서 만드세요.
- 직선 부분은 숫자로 표기해두거나, 중간에 생략된 경우도 있습니다. 치수대로 각 부위를 잘라 사용해주세요.
- 도안 속에는 4종류의 선이 들어 있습니다. 아래의 설명을 참조해 미리 준비해주세요.

엠보싱 접는 선	나중에 자르는 선	접는 선	가위집 넣은 선

꽃잎에 가는 선을 그은 후, 겉면이 안쪽으로 가게 한 다음 가볍게 반으로 접는다.

01 장미

Photo P.10 / 만드는 법 P.20

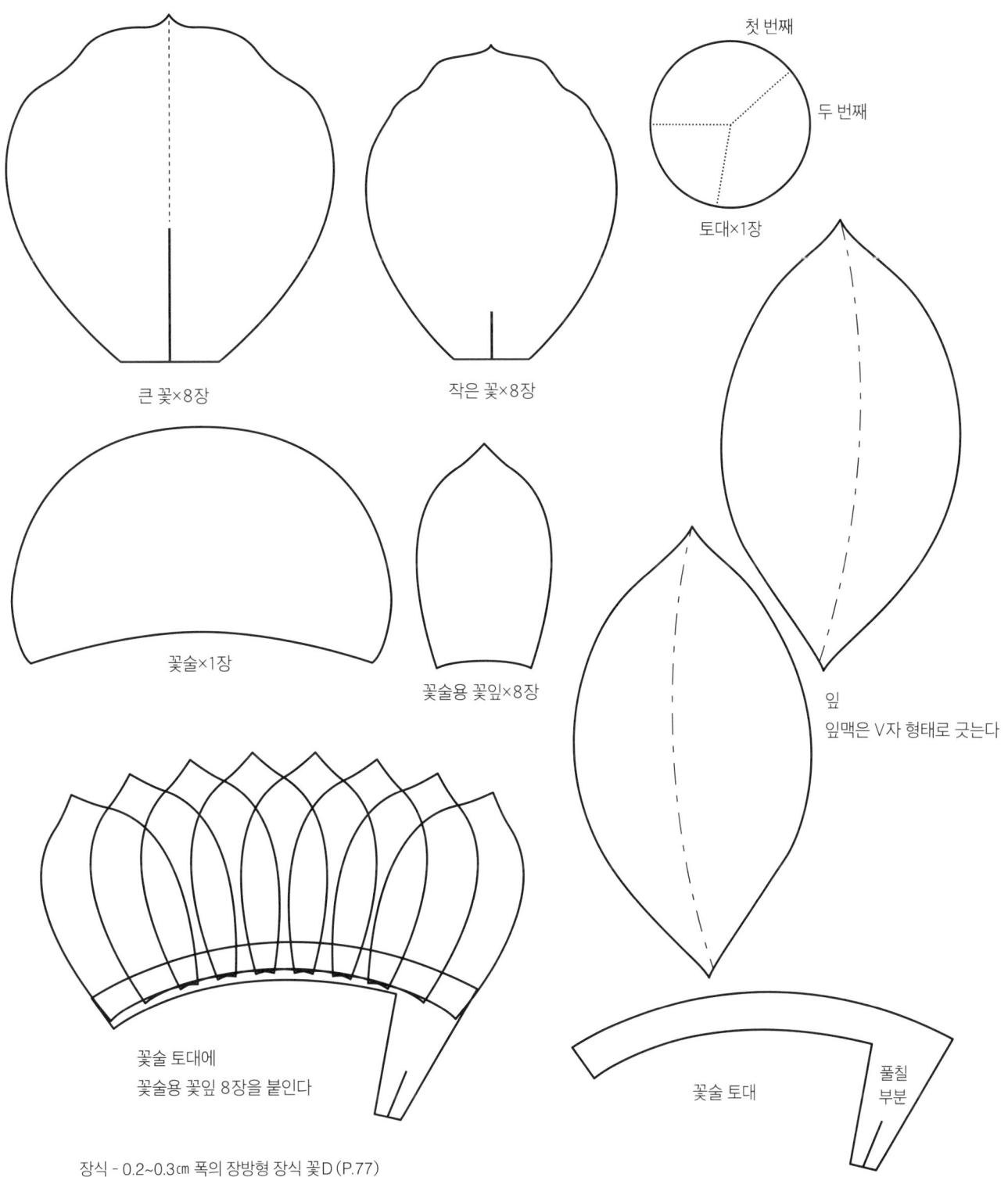

02
스프레이 장미
Photo P.12 / 만드는 법 P.22

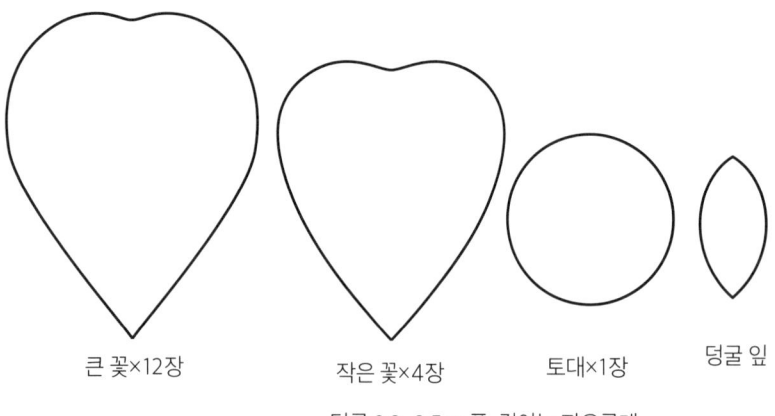

큰 꽃×12장   작은 꽃×4장   토대×1장   덩굴 잎

덩굴 0.3~0.5㎝ 폭, 길이는 자유롭게

04
카네이션
Photo P.16 / 만드는 법 P.24

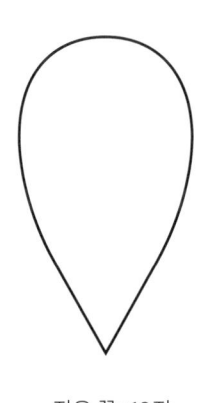 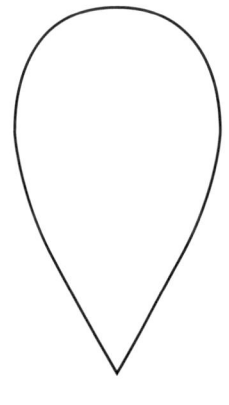 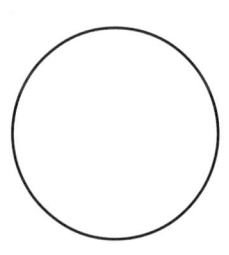

작은 꽃×18장   큰 꽃×18장   토대×1장

장식 꽃D (P.77)

20~30cm

0.7~0.8cm
리본 폭 0.7~0.8cm
길이 20~30cm

03 거베라

Photo P.14 / 만드는 법 P.23

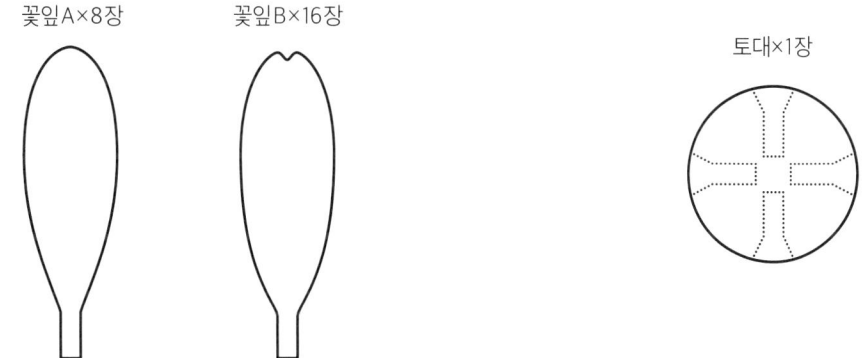

꽃잎A×8장   꽃잎B×16장   토대×1장

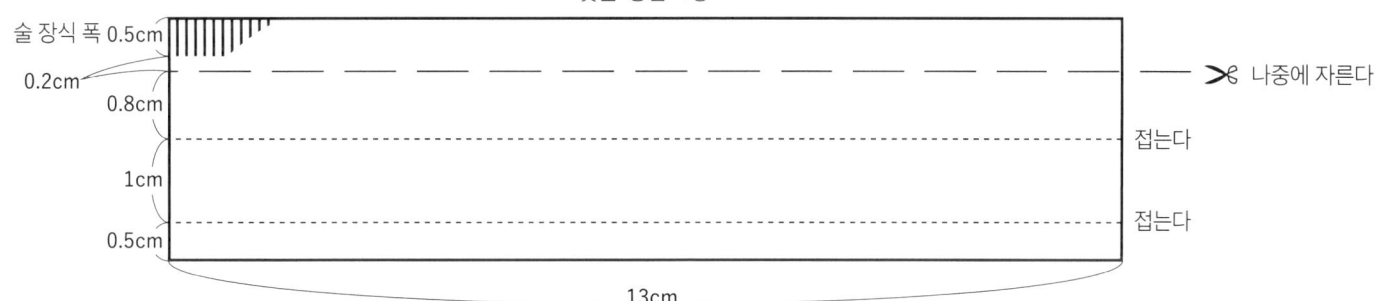

꽃술·중심×1장
술 장식 폭 0.5cm
0.2cm
0.8cm
1cm
0.5cm
13cm
나중에 자른다
접는다
접는다

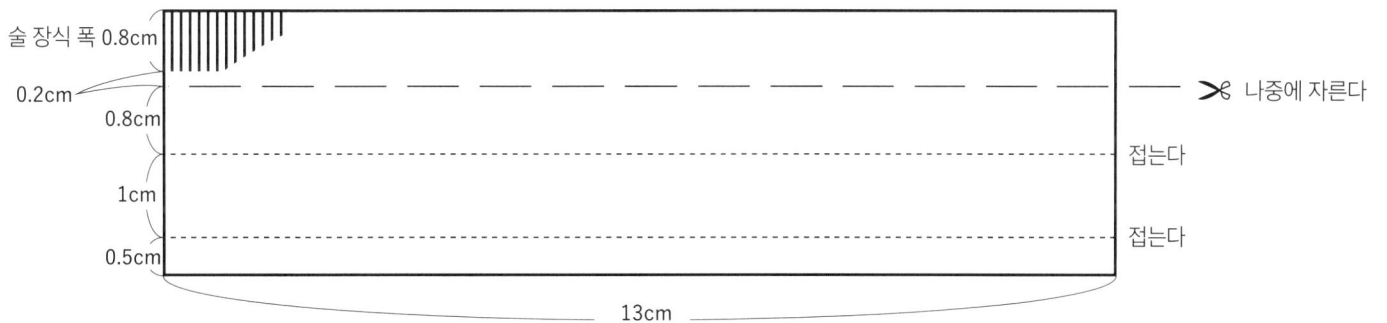

꽃술·바깥쪽×3장
술 장식 폭 0.8cm
0.2cm
0.8cm
1cm
0.5cm
13cm
나중에 자른다
접는다
접는다

장식 꽃C (P.77)

05
작약
Photo P.18 / 만드는 법 P.25

08 튤립

Photo P.30 / 만드는 법 P.40

잎

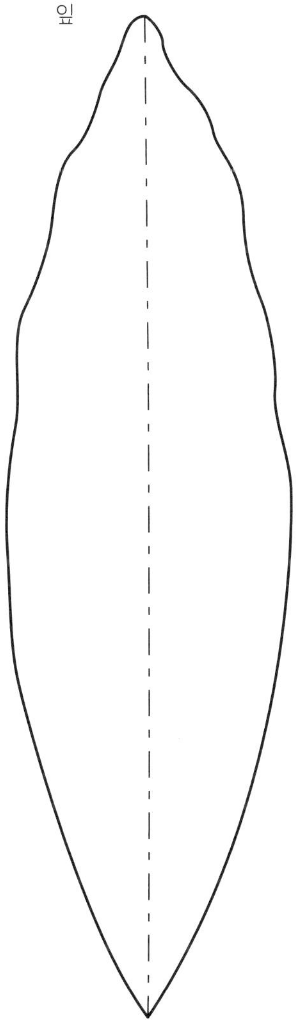

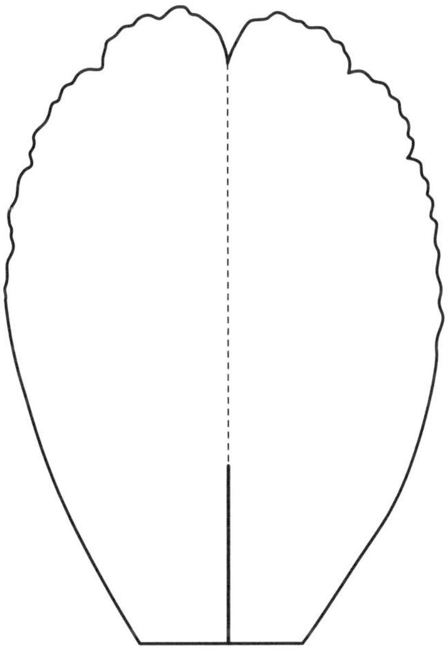

큰 꽃잎×9장
작은 꽃잎×6장

토대A

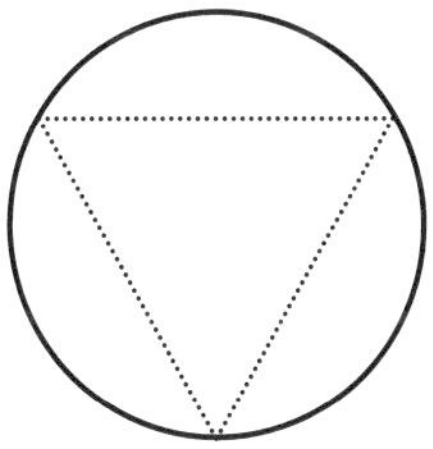

토대B

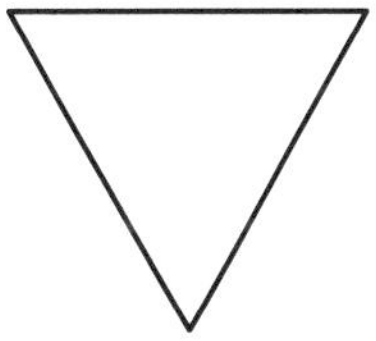

리본

06 해바라기
Photo P.26 / 만드는 법 P.38

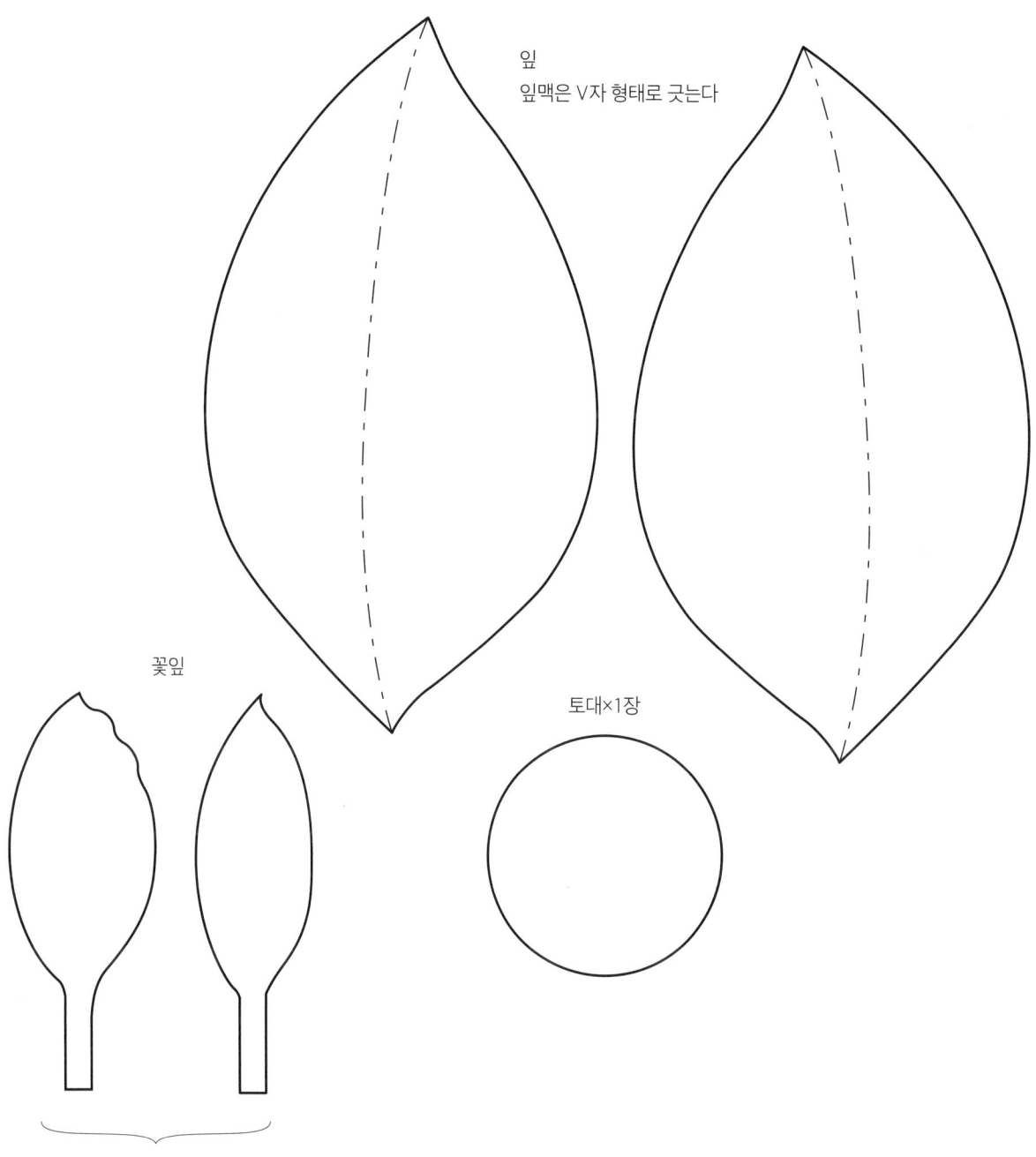

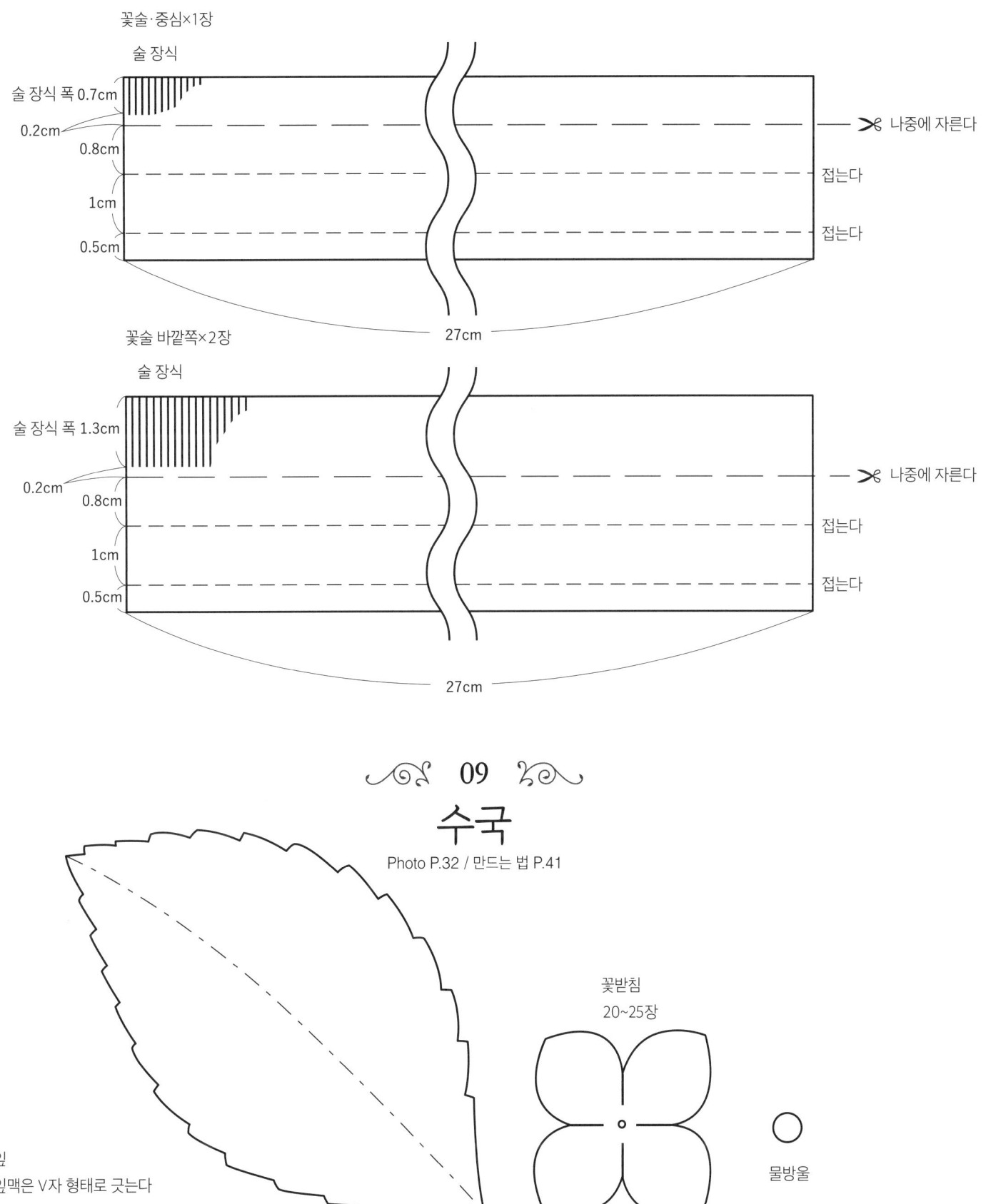

07
백합
Photo P.28 / 만드는 법 P.39

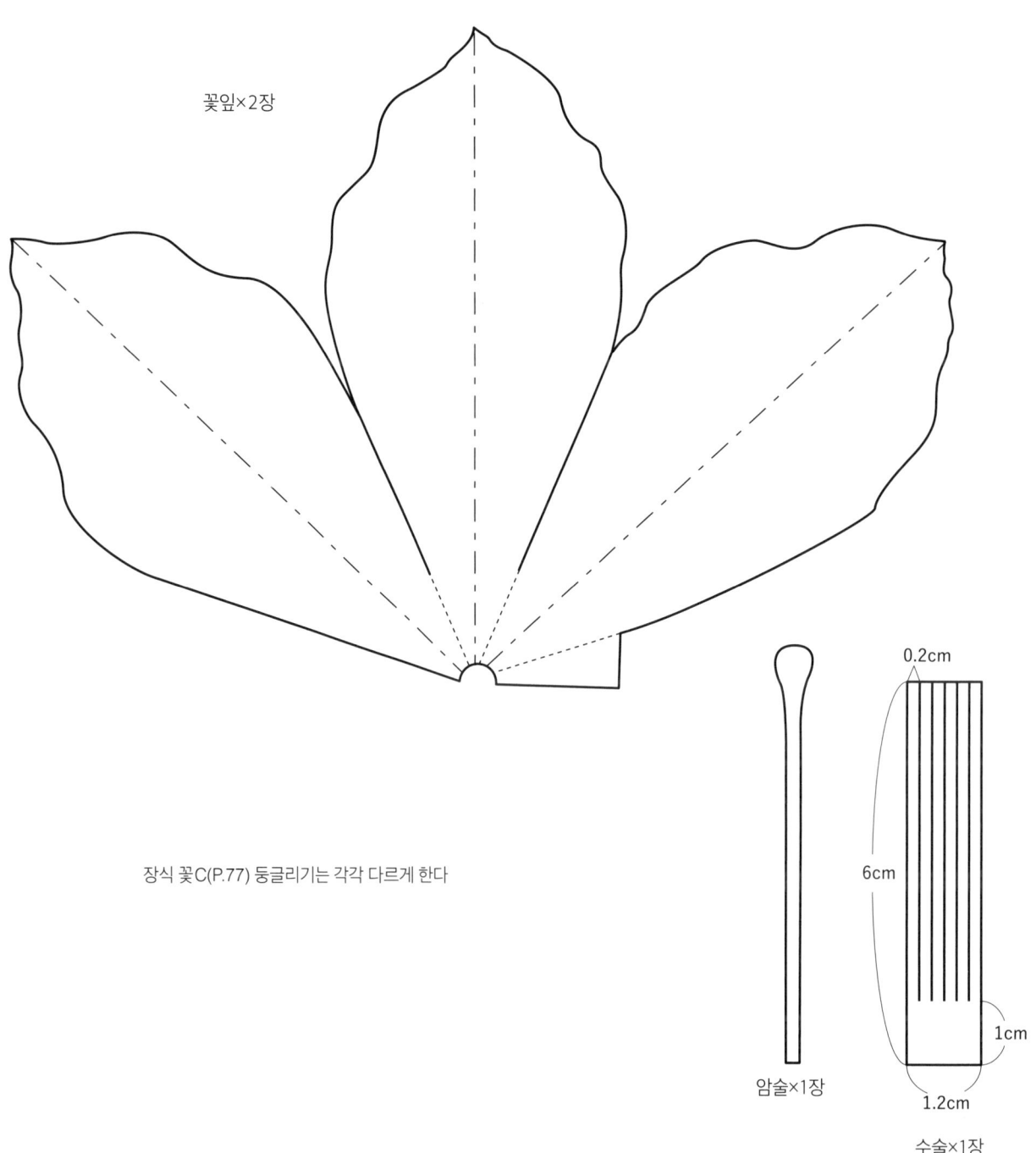

꽃잎×2장

장식 꽃C(P.77) 둥글기기는 각각 다르게 한다

암술×1장

0.2cm
6cm
1cm
1.2cm

수술×1장

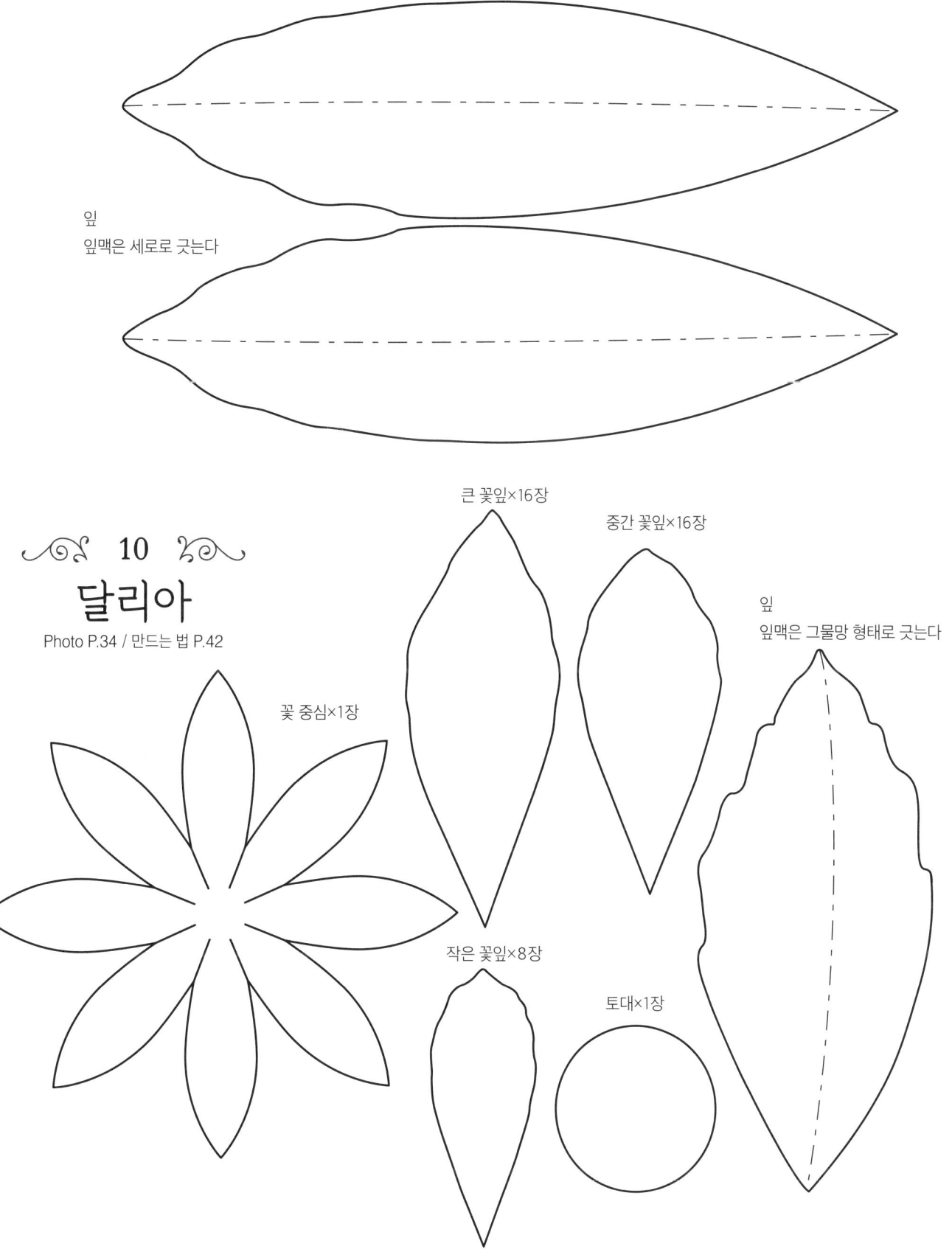

11
포인세티아
Photo P.36 / 만드는 법 P.43

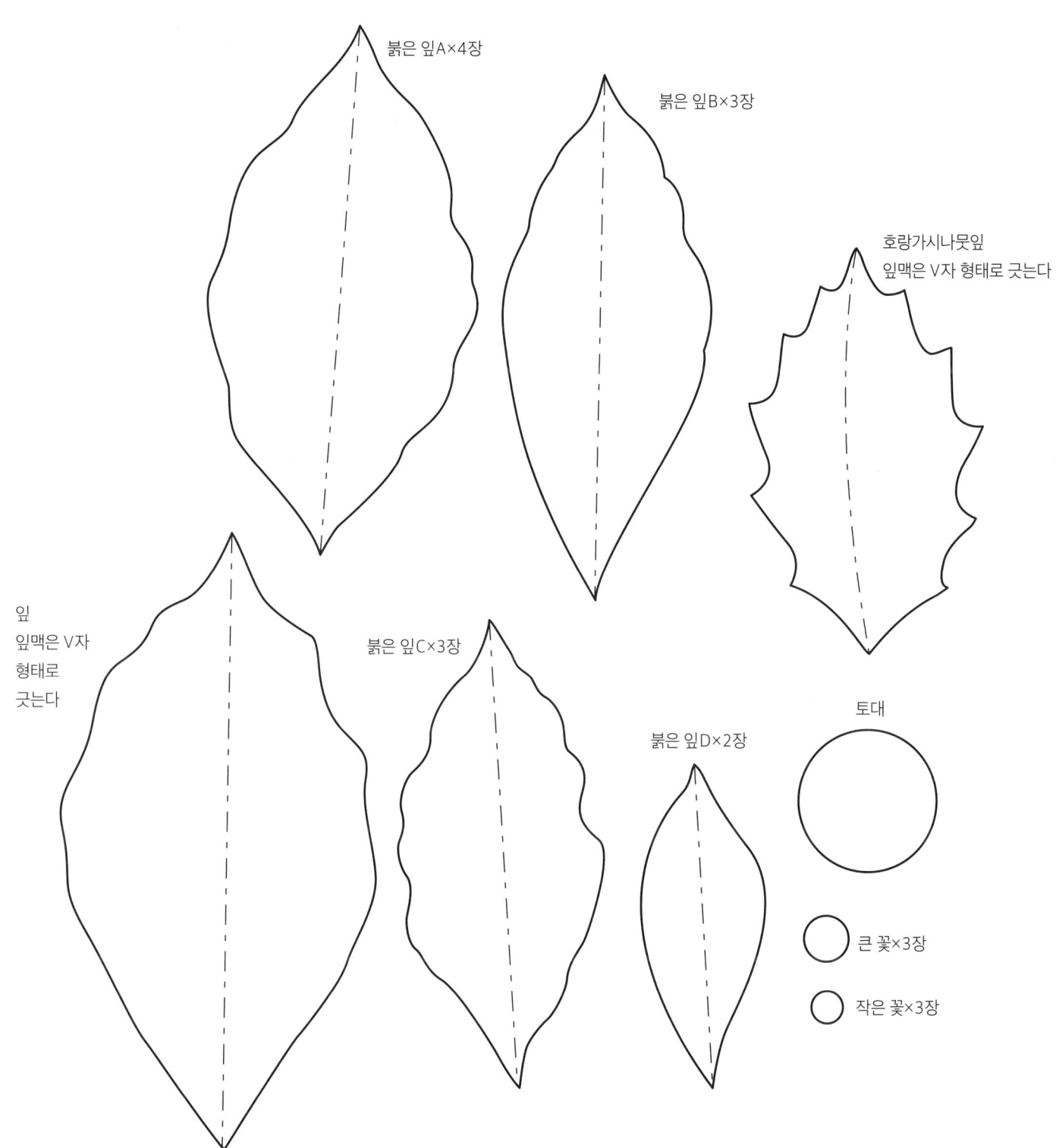

12
매화
Photo P.44 / 만드는 법 P.50

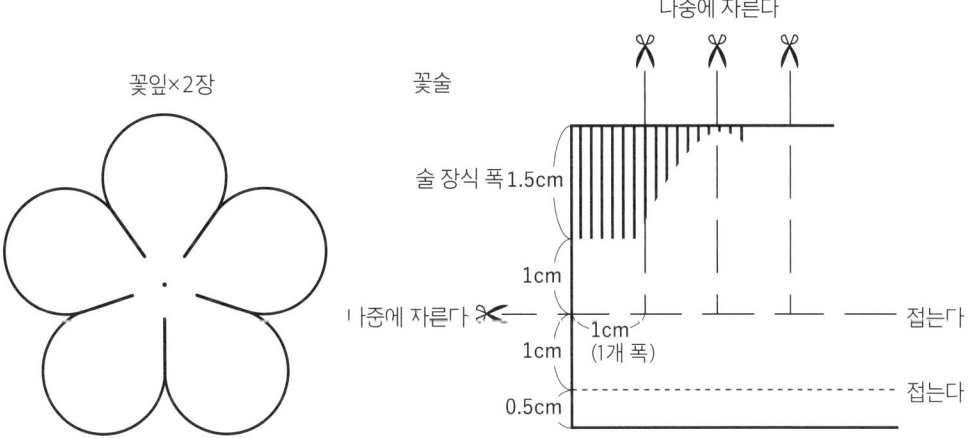

가지 : 0.8㎝폭 장방형 적당한 길이(길게 만들어 지철사로 감는다. 필요 없는 부분은 잘라낸다. 모자랄 경우는 이어 붙인다)

13
벚꽃
Photo P.45 / 만드는 법 P.51

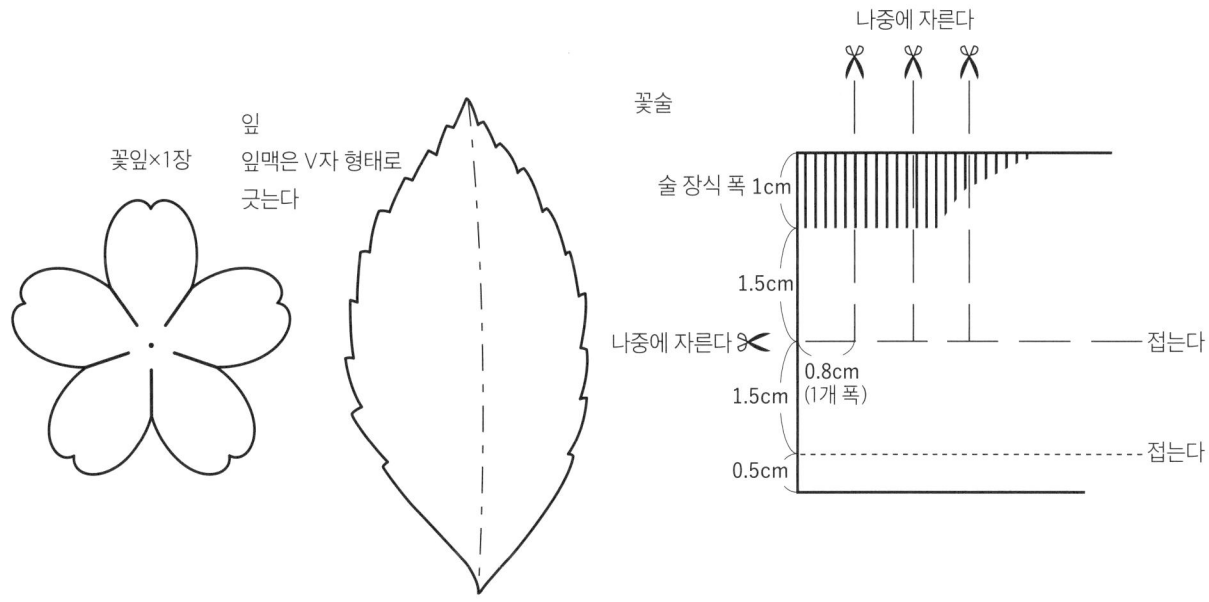

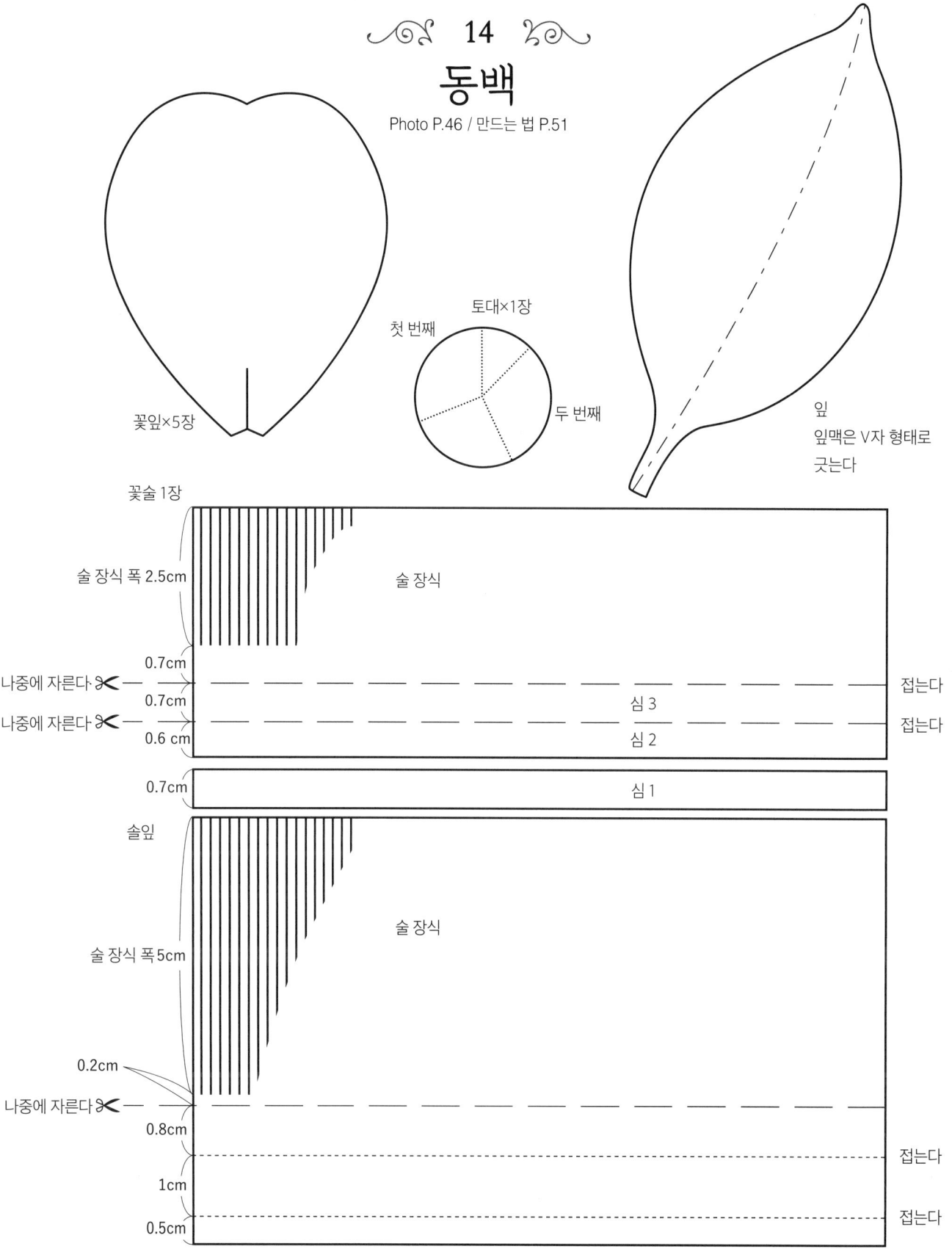

15 장식 꽃과 잎

Photo P.48 / 만드는 법 P.53

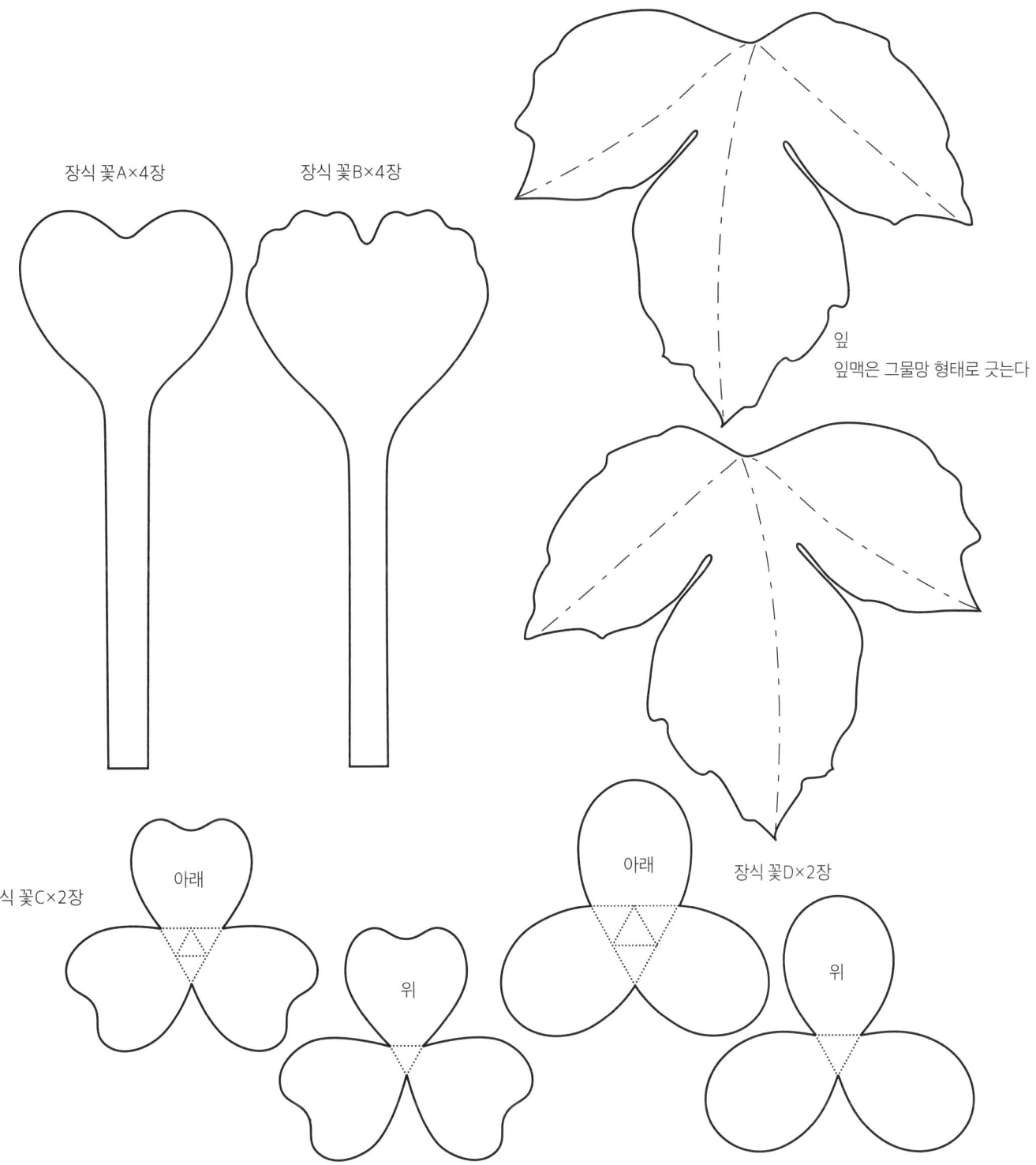

P.55
냅킨 홀더, 와인 병

스프레이 장미 : 머메이드(황금색), 탄트(L-57)
장식 꽃C : 탄트(N-72, L-72)
잎 : 사토가미(대나무)

만드는 법
1 토대 뒤쪽 리본을 고정시킬 종이에 리본을 끼워 붙인다.
2 토대에 장식 꽃과 잎을 붙이고, 스프레이 장미를 붙인다.

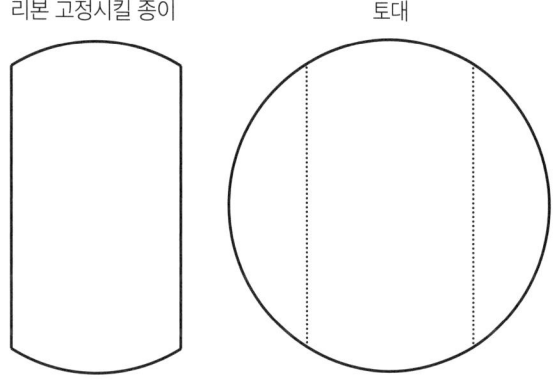

리본 고정시킬 종이   토대

P.55
카드, 글라스 마커

장식 꽃C : 머메이드(황금색), 탄트(N-72, L-72)
기타 재료 : 리본

만드는 법
1 장식 꽃C를 2개 만든다.
2 토대에 리본을 붙이고, 그 위에 꽃 뒷면의 삼각형을 잘 맞춰 붙인다.

토대
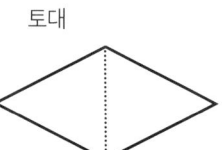

P.56
파스텔 톤 리스

※ %는 축소율
리스 토대 : 두꺼운 종이 직경 23.5㎝, 내경 17.5㎝
카네이션(83%) : 탄트(L-50)
장미(87%) : 탄트(L-57)
장식 꽃B : 머메이드(내추럴)
수국 : 머메이드(어린잎, 나뭇잎), 탄트(L-72)
스프레이 장미 : 머메이드(벚꽃)
스프레이 장미 덩굴 : 머메이드(나무 순)

P.57
화이트 리스

※ %는 축소율
리스 토대 : 두꺼운 종이 직경 30.5㎝, 내경 21.5㎝
작약(80%) : 머메이드(흰색)
백합(87%) : 머메이드(흰색)
장식 꽃D : 머메이드(흰색, 어린잎)
장미 잎 : 머메이드(흰색)
잎 : 머메이드(어린잎, 나무 순, 연두색)

P.58
어두운 톤 리스

※ %는 축소율
리스 토대 : 두꺼운 종이 직경 28㎝, 내경 20㎝
달리아(80%) : NT라샤(겨자, 옅은 크림색, 팥색)
스프레이 장미 : NT라샤(옅은 크림색, 주홍색)
장식 꽃B : NT라샤(어두운 적색, 겨자)
잎 : NT라샤(올리브)

P.59
겨울 리스

※ %는 축소율
리스 토대 : 시판용 리스 베이스 직경 24㎝
포인세티아(80%) : 탄트(Y-8, N-51), 머메이드(벚꽃), 사토가미(밤색, 비파색, 겨자)
장식 꽃D : 사토가미(단풍), 오감지(갈색)
솔잎(술 장식 폭을 3.5㎝로 하고, 길이를 15㎝로 한다) : 사토가미(삼나무)

만드는 법
<두꺼운 종이를 토대로 사용할 경우>
1 두꺼운 종이를 지정한 길이로 둥글게 자른다.
2 꽃과 잎을 균형을 맞춰가며 접착제로 붙인다. 철사를 붙일 경우는 종이 한쪽을 철사 부분에 감싸서 붙이면 좋다.

<시판용 리스 베이스의 경우>
1 꽃 뒷면에 철사를 붙인다.
2 균형을 맞춰가며 꽃과 잎 철사를 리스 베이스에 감는다.

P.60
플라워 박스
※ %는 축소율
동백 : 머메이드(적색), 사토가미(황매화)
튤립 : 탄트(L-58)
튤립 잎 : 사토가미(삼나무, 대나무)
카네이션(83%) : 머메이드(연두색), 에코저펜R(담홍색)
달리아(80%, 중간 꽃잎, 작은 꽃잎만) : NT라샤(연한 크림색)
장식 꽃B : 탄트(N-72, L-72)
동백 잎 : 탄트((D-65)
장식 : 사토가미(삼나무)
기타 재료 : 미즈히키

만드는 법
1. 튤립의 잎은 2장을 붙이고, 둥글게 고정시켜 미즈히키를 묶는다.
2. 균형을 맞춰가며 꽃을 친합에 예쁘게 담는다. 높이기 모자랄 때는 천 등을 깔면 좋다.

P.61
달리아 장식
※ %는 축소율
달리아(80%, 토대를 2장 준비한다) : 탄트(N-9)
스프레이 장미(토대를 2장 준비한다) : 사토가미(매화)
작약 잎 : 사토가미(삼나무)
기타 재료 : 매듭, 철사

만드는 법
1. 작약 잎에 세로 선을 긋는다.
2. 꽃 뒷면에 잎을 붙인다.
3. 남은 1장의 토대에 철사를 끼워 뒷면에 붙인다.
4. 매듭에 철사를 감는다.

P.61
동백 장식
동백 : 머메이드(빨강, 흰색), 사토가미(황매화색)
장식 꽃D : NT라샤(어두운 적색)
솔잎 : 사토가미(삼나무)
기타 재료 : 미즈히키, 철사

만드는 법
1. 빨강과 흰색 미즈히키를 각각 둥글게 만들어 철사로 고정시킨다.
2. 둥글게 만든 미즈히키에 종이를 감는다.
3. 종이로 감싼 미즈히키에 동백을 붙인다.
4. 장식 꽃은 철사를 달아 미즈히키에 감는다.
5. 솔잎을 철사로 미즈히키에 매단다.

P.62
커튼 홀더
카네이션 : 머메이드(벚꽃)
스프레이 장미 : 머메이드(복숭아)
잎 : 사토가미(참외)
기타 재료 : 리본

만드는 법
리본에 직접 꽃과 잎을 접착제로 붙인다.

P.63
플라워 갈런드
장식 꽃D : 오감지(갈색), 머메이드(내추럴, 상아색)
기타 재료 : 리본

만드는 법
같은 간격이 되도록 꽃에 리본을 끼우고 접착제로 붙인다.

P.63
라운드 모빌
스프레이 장미 : NT라샤(어두운 적색), 머메이드(내추럴), 사토가미(단풍), 탄트(L-73)
기타 재료 : 실

만드는 법
1. 꽃을 2장 붙인다. 이것을 4개 만든다.
2. 우선 한쪽 2개를 같이 붙이고, 실을 끼워 뒤쪽에도 2개를 붙인다.

"SUTEKI NA HANA NO RITTAI KIRIGAMI" by Emiko Yamamoto (NV70364)
Copyright © Emiko Yamamoto / NIHON VOGUE-SHA 2016
All rights reserved.
First published in Japan in 2016 by Nihon Vogue Corp.
Photographer : Yukari Shirai

This Korean edition is published by arrangement with Nihon Vogue Corp., Tokyo
in care of Tuttle-Mori Agency, Inc., Tokyo through Eric Yang Agency, Inc., Seoul.

본 저작물의 한국어판 저작권은 에릭양에이전시를 통해 일본보그사와의 독점 계약으로 아이콘북스에 있습니다.
저작권법에 의해 한국 내에서 보호를 받는 저작물이므로 무단 전재와 무단 복제를 금합니다.

입체 종이꽃 만들기 수업
1일 1꽃 페이퍼 플라워

1판 1쇄 발행 2018년 7월 20일
1판 4쇄 발행 2024년 1월 25일

지은이 야마모토 에미코
옮긴이 정연우

펴낸곳 아이콘북스
펴낸이 정유선
주 소 서울시 강서구 마곡중앙6로 21, 510호 (마곡동, 이너매스마곡1)
전화 070-7582-3382
팩스 070-7966-3385
이메일 info@iconbooks.co.kr
홈페이지 www.iconbooks.co.kr

한국어판 출판권 © 아이콘북스 2018
ISBN 978-89-97107-42-1 (13630)

· 이 책은 저작권법에 의해 보호받는 저작물이므로 무단 전재와 무단 복제를 금합니다.
· 잘못된 책은 구입처에서 바꿔 드립니다.
· 책값은 뒤표지에 있습니다.

아이콘북스는 독자 여러분의 다양한 아이디어와
원고 투고를 설레는 마음으로 기다리고 있습니다.
보내실 곳 : info@iconbooks.co.kr